Marie Thérèse Rubin

Exerzitienhandbuch

Liebe

Vierter Monat:
Nachfolge

Erstausgabe Taschenbuch

ISBN 978-3-906176-91-8

erhätlich bei www.Amazon.ch (de)

© Copyright 2013, Rubinenergie-Verlag GmbH,
Postfach 370, 3422 Kirchberg, Schweiz

Bilder: © Fotolia (sofern nicht anders bezeichnet)
Lektorat: Sonja Beck, Gestaltung Layout und Satz: Rubinenergie-Verlag GmbH,
Druck und Verleger: Amazon, Create Space

Das Buch wurde am 31.3.12 publiziert als
E-Book: ISBN 978-3-9523938-3-3

Inhaltsverzeichnis

Vorwort

Dieses Meditations-Handbuch ist aus der Praxis entstanden und für die Praxis gedacht. In freigeistiger Denkweise verbindet das Buch traditionelle Werte mit modernen Vorstellungen.

In grossen und kleinen Lebenskrisen erfährt der Mensch oft, dass ihm der innere Halt fehlt. Der Intellekt kann ihn nicht bieten, denn er rastet in solchen Momenten einfach aus und lässt den Menschen in tiefe emotionelle Krisen fallen. Gebete und Meditation helfen, diese fehlende innere Kraft zu entwickeln; eine Vorsorge, welche in der heutigen hektischen Zeit zum Einen eigentlich unverzichtbar, zum Anderen unbezahlbar ist.

Die in Zeit, Ort und Thema sehr strukturierte Meditationsform der Ignatianischen Exerzitien entspricht in der Regel dem heutigen „kopflastigen" Abendländer sehr. Durch gezielte Auswahl der Meditationsthemen wird, fast unmerklich, ein innerer Prozess in Gang gesetzt, der innere Widerstände auflöst, damit die innere Kirche erbaut werden kann. Je mehr die äussere Kirche in der Gesellschaft stirbt, umso wichtiger ist es für jeden Menschen, seine eigene, selbstbestimmte innere Kirche zu bauen, damit der Heilige Geist in ihr wohnen kann und als geistige Lebenskraft, oder innerer Halt täglich zur Verfügung steht.

Der Bau dieser inneren Kirche geschieht selbstbestimmt, nach eigenem Plan, individuell und ohne äussere Anbindung an irgendeine Organisation, Guru oder Lehrer. Der innere Lehrer arbeitet mit jedem Menschen, sobald man ihn darum bittet. Der Prozess dauert sechs Monate. Die Anleitungsbücher sind einzeln erhältlich, sollten jedoch in der vorgegebenen Reihenfolge verwendet werden. (Band 1: Erster Monat, Urvertrauen, Band 2: Zweiter Monat, Geistiges Gesetz, Band 3: Dritter Monat, Die Wahl)

Die Exerzitien können allein durchgeführt werden, der Prozess ist jedoch fruchtbarer und nachhaltiger, wenn ein kompetenter Begleiter, mit einem monatlichen Begleitgespräch, über dem Weg wacht. Diese Begleitung wird vorzugsweise von einem Geistlichen, kann notfalls aber auch von einem sehr guten Freund oder Partner durchgeführt werden. Die 6 Bücher können auch nur gelesen werden, auch dann werden sie eine Wirkung erzeugen. Das Ziel dieser Wirkung ist mehr Glück, Freude, innerer Halt, Stärke im Alltag des Lebens zu erfahren, egal, wie der Wind der Emotionen weht, oder wie stürmisch der Lebensozean sich auch zeigen mag.

Ignatianische Exerzitien = Meditation

Ignatianische „Exerzitien" sind geistige Übungen, es sind christliche Meditationen des Abendlandes, es sind Kontemplationen. „Kontemplieren" heisst: nachsinnen, sinnieren, in Ruhe aufmerksam beobachten. Die Gedanken kreisen um einen Gegenstand und suchen seinen Inhalt zu erfassen und durch dieses Sinnieren kann man in einen Trancezustand kommen. Am Anfang ist es jedoch hilfreich, die Gedanken bewusst in die Tiefe zu führen, indem man sich auf seine Gefühle konzentriert. Kontemplation heisst somit, die Gedanken bewusst in eine Richtung zu führen. Zuerst kreisen sie um ein Thema und dann wird dieses Thema „verkostet", indem der dazu erscheinende Gefühlsinhalt erforscht wird. Es geht darum, die hindernden, negativen, unbewussten emotionalen Blockaden loszulassen, um in die Fülle der Liebe Gottes zu kommen.

Meditation strebt die Gedankenruhe und Gedankenlosigkeit an und führt dadurch zur inneren Mitte, zur Trance, in die Stille oder in die Leere, in das Sein. Mit den Exerzitien kontempliert man geistige Texte aus heiligen Schriften und betrachtet dabei den Bezug zum eigenen Leben. Die Exerzitien führen somit nicht aus dem täglichen Leben hinaus, sondern in das individuelle menschliche Leben hinein. Der Mensch erfährt sich als Individuum und erkennt gleichzeitig, dass er nicht allein ist, sondern einen mächtigen Verbündeten, eine geistige Kraft, in seinem Inneren hat. Von dieser inneren (religionsneutralen) Gotteskraft kann er Hilfe erwarten und Hilfe erfahren, unabhängig von allen äusseren menschlichen Institutionen oder Verbindungen. Der Ignatianische Exerzitienweg ist ein individueller Weg. Es können sich zwar Gruppen zusammen finden, die eine gemeinsame Wegstrecke gehen, aber nur als Weggefährten, nicht als gruppendynamische Helfer. Bei den Ignatianischen Exerzitien wandert jeder in seinem eigenen Rhythmus und nach seinen eigenen Vorlieben seinem persönlichen Ziel entgegen.

Ignatius von Loyola war ein Mystiker, der zur Zeit Luthers lebte. Während die Reformation die Kirche und die Menschen auf mehr intellektuellem Weg zu Gott führte, zog Ignatius in die Gegenrichtung. Er wurde deshalb nicht selten als „Gegenreformator" bezeichnet. Obwohl er ein bewährter Krieger und Ritter seiner Zeit war, hatte er, als er sich auf den Exerzitienweg begab, keine weltlichen Schlachten mehr im Sinn. Sein Weg war die alte Erfahrung der meditativen, mystischen Gottfindung durch Kontemplation. Seiner kriegerischen Seite verdanken die Ignatianischen Exerzitien ihre Strategie. Diese Strategie ist einmalig, denn durch eigene Erfahrung wusste Ignatius von Loyola, wie leicht sich der Mensch auf seinem dunklen, geheimnisvollen Pfad durch die inneren Schatten verirren kann.

Ein klar definierter, strukturierter Weg in Begleitung bietet Gewähr, das persönliche Ziel, das innere Licht, zu finden. Auf diesem Weg der Einkehr muss sich jeder Mensch naturgemäss mit verschiedenen Kräften auseinander setzen. Es begegnen ihm die göttlichen, lichtvollen Kräfte, Ignatius nennt sie Engel, ebenso wie die eigenen, inneren Schatten (Ängste, Verurteilungen) des Unterbewusstseins, welche Ignatius als Teufel bezeichnet. In unserem aufgeklärten Zeitalter wissen wir zwar, dass diese Kräfte in unserem Inneren sind und nicht ausserhalb von uns wie die Engel oder Teufel. Trotzdem sind diese Kräfte in ihrem Wesen dieselben geblieben und sie sind aktiv und wirksam. Engel sind göttliche Energieboten. Teufel sind gefallene Engel oder von Menschen erschaffene Energieboten, welche Menschen auch von aussen beeinflussen können.

Die Unterscheidung dieser Kräfte wurde in der Antike als die „Kunst der Künste" oder „Wissenschaft der Wissenschaften" bezeichnet. Wer diesen meditativen Weg der Gottfindung allein geht, kann sich in der Versuchung der negativen Kräfte, welche sich auch oft als Illusionen oder Irrlichter zeigen, verlieren. Engel der Versuchung, die den Menschen in die Dunkelheit der Gottferne locken, können den Menschen so lichtvoll erscheinen, wie die göttlichen Engel. Deshalb ist eine erfahrene geistliche Begleitung sehr hilfreich und förderlich auf dem mystischen Weg.

Ich habe keine Ahnung, was Gott ist. Und doch habe ich eine Erfahrung von der Existenz Gottes. Diese Präsenz namens Gott ist sehr real, obwohl ich nicht weiss, wie ich Gott definieren soll. Gott als Person oder Ding zu sehen, das scheine ich nicht zu können. Einen Menschen aufzu-

fordern, zu erklären, was Gott ist, ist das Gleiche, wie einen Fisch aufzufordern, das Wasser, in dem er schwimmt, zu erklären.

Fred Alan Wolf, Physiker, Film DVD: The Bleep

Sein inneres Glück finden

© Marie Thérèse Rubin

Wenn für moderne Menschen die übermittelten Gottesbilder nicht mehr stimmen, weil sie der Logik widersprechen, sind sie aufgefordert, diese universelle Quelle, welche der Urgrund aller Kulturen und Völker ist, neu zu definieren und neu zu erleben.

Die Quelle lädt ständig zum Tanze der Gottesbeziehung ein. Da jedoch jedes menschliche Wesen mit einem freien Willen ausgestattet ist, ist es immer die ganz eigene, persönliche Entscheidung, ob der Mensch diesen Tanz wagt, oder nicht.

Der Ignatianische Weg ist anders

Exerzitien sind dynamische spirituelle Übungen. Die meisten geistigen Übungswege oder mystischen Meditationswege führen in die innere Versenkung, um darin Ruhe und Stille zu finden. Bildlich gesprochen handelt es sich dabei um vertikale spirituelle Wege, die in die Tiefe führen. Ignatianische Exerzitien sind anders angelegt, ihr Weg ist eher horizontal. Sie orientieren sich an der biblischen Geschichte, vom Leben Christi auf dieser Erde, und an der Präsenz des göttlichen Geistes in jedem Menschen. Ignatianische Exerzitien leiten an zur mystischen Bewegung auf der Zeitachse des irdischen Lebens, im Alltag des Lebens. Sie führen das menschliche, irdische Leben hin zur Erlösung. Das Ziel ist, die innere Freiheit zu erlangen, damit sich der individuelle Wille in Würde und Freiheit, mit dem göttlichen Willen vereinen kann. Die spirituelle Begegnung, die Kommunikation, geschieht auf diesem horizontalen Weg - der wohl auch in die Tiefe geht, sich aber nicht darin verliert - schneller und einfacher.

Die Dynamik der Exerzitien baut auf einem Modell auf. Zuerst wird das Fundament oder das Prinzip gebildet. Das Fundament ist der Glaube an Gott. Und zu diesem kann jederzeit zurückgekehrt werden. Der klassische ignatianische Weg ist in zwei Hauptphasen gegliedert: Die erste Phase führt in die innere Freiheit und die zweite Phase führt zur „Personwerdung". In den Exerzitien geht es grundsätzlich um individuelle Freiheit und Persönlichkeitsentwicklung. Ist der Mensch innerlich frei, kann er zum Adam, zum wahren Menschen heranzuwachsen.

Es geht um das frei werden von…

Frei werden von allen Zwängen, Trieben, Bedürfnissen, indifferent und innerlich frei werden.

Diese Freiheit führt dann zur Freiheit zu…

Zur Freiheit, in den göttlichen Bund einzutreten, den göttlichen Willen zu erahnen; freie Person, wahrer Mensch, Adam, Christus ähnlich zu werden. Indem der Mensch seinen eigenen Willen erkennt, kann er diesen, in Freiheit, mit dem Göttlichen vereinen. Dabei kommt es nicht zur Verschmelzung, sondern zur Einigung der Willen. Gott nimmt den menschlichen Willen ernst. Der individuelle, menschliche Weg wird eingebettet in die grosse Geschichte. In diesem Kontext ist „Wille" eher als „Sehnsucht" zu verstehen.

Auf dem Exerzitienweg können innere Prozesse ausgelöst werden, da es ein dynamischer Weg ist. Auf Phasen des Trostes können Strecken der Trostlosigkeit folgen, und daher ist es hilfreich, Exerzitien nicht allein, sondern mit einem geistlichen Begleiter durchzuführen. Die zwei Hauptphasen des Weges folgen einander nicht zwingend in linearer Reihenfolge, in Zeiten der Trostlosigkeit ist es jederzeit angebracht, zurück zum Fundament zu gehen. Ignatius von Loyola betonte stets die Wichtigkeit der „Unterscheidung der Geister", und den geistlichen Begleiter als „Wächter" und Orientierungshelfer auf dem Weg betrachtete er als zwingend notwendig.

Körper-Seele-Geist

© Marie Thérèse Rubin

©GIS - Fotolia.com

Praktische Hinweise

Anleitung zur Meditation

- Vorbereitung: Bequeme Kleidung tragen.

- Uhren und Schmuck ablegen.

- Meditationsraum aufräumen, gut lüften, schmücken.

- Technische Geräte, Türklingel und Telefon abstellen.

- Schreibsachen bereit legen.

Mentale Einstimmung:

- Ich finde mich ein auf meinem Gebetsplatz

- Ich nehme mich wahr in meinem Leib

- Ich mache mir bewusst: Ich habe Zeit…

- Ich bin da vor der Schöpfungsmacht, der göttlichen Liebe, sie wartet auf mich.

Ich stelle mir ein Lichtkreuz aus hellem, kristallklarem Licht vor. Dieses Kreuz stelle ich als Schutz Jesu in meine Mitte, sein Zentrum ist mein Herz. Seine Strahlen halten alles Böse, alle negativen Strahlen, Einflüsse und fremde Gedanken fern. Gleichzeitig zieht es alle guten Geister in mich hinein. Den bösen Mächten befehle ich im Namen Jesu Christi, mich in Ruhe zu lassen.

Meditationszeit:

Ich stelle meine Meditationsuhr auf 25 Minuten.

Eröffnungsgebet:

Ich spreche mein persönliches Eröffnungsgebet mit lauter Stimme. Es ist hilfreich, dieses Gebet auswendig zu lernen.

Entspannung:

Ich schliesse die Augen und atme bewusst. Nach einigen Atemzügen lasse ich die Atmung durch den ganzen Körper fliessen und entspanne dadurch meine Muskeln.

Betrachtung: Schriftmeditation

Ich lese den ausgewählten Schrifttext, langsam, Wort für Wort, Satz für Satz, dann schliesse ich die Augen.

Impuls:

Gedanken einschränken Meine Gedanken kreisen um den Text, ich erlaube meinen Gedanken nicht, abzuschweifen. Was fällt mir auf? Was spricht mich an? Was beunruhigt mich?

Verkosten: nach innen fühlen:

Was löst dieses Thema in mir aus? Was für Gefühle erzeugt es? Welche Erinnerungen tauchen auf? Ich erforsche mein Inneres, meine Erinnerungen.

Betrachtung: Bildmeditation

Das Vorgehen ist dabei dasselbe wie bei der Textmeditation, die Augen bleiben offen. Erst das Eröffnungsgebet, dann die Entspannung. Bilder wollen ansprechen, herausfordern zu einer Antwort. Es geht nicht um eine objektive Deutung des Bildes, sondern um ein tiefes Spüren der eigenen Wirklichkeit in der Begegnung mit dem Bild. Ich wende mich dem Bild zu und lasse es in seiner Gesamtheit auf mich wirken. Was kommt mir entgegen? Was stösst mich ab? So verweile ich in dem Bild und da, wo ich mich angesprochen fühle – schauend, hörend, wartend, aufnehmend, staunend - lasse ich mich in das Bild hinein nehmen. Die äussere Wahrnehmung kann zu einer inneren Ergriffenheit führen. Was empfinde ich beim Anschauen? Wo finde ich mich vielleicht selbst in dem Bild wieder? Was spricht mich an? Ich fühle mich in die Formen, Farben und Aussagen des Bildes ein, bis es bei mir Gefühle auslöst oder Erinnerungen weckt. Woran erinnert mich das Bild? Ich kann die Augen schliessen und wahrnehmen, ob und inwieweit das Bild mir innerer Besitz geworden ist. Diese Eindrücke „verkoste" ich und bringe sie dann vor Christus. Anschliessend schaue ich zurück auf das, was ich in dieser Zeit erfahren habe und bringe Lob, Dank oder Bitte vor den, der mir in dieser Zeit nahe war.

Ins Gespräch kommen...

...ist eventuell erst nach einiger Meditationszeit möglich, sich nicht dazu zwingen. Ich bleibe bei dem, was mich innerlich bewegt und bringe es bei Jesus Christus zur Sprache und lausche auf seine Antwort, oder ich übergebe ihm, was mich belastet.

Aufschreiben was mir beim „Verkosten" in den Sinn kam:

In meinem Meditationsbuch notiere ich die wichtigsten Eindrücke dieser Meditation. Welche Gefühle bewegten mich, welche Erinnerungen tauchten auf, habe ich Antworten gefunden? Auch wenn ich das Gefühl habe, es sei mir nichts Besonderes in den Sinn gekommen, schreibe ich meine Empfindungen auf!

Verkosten

Wenn ich in einem Restaurant die Speisekarte lese und darüber nachdenke, habe ich damit noch nicht gegessen, ich habe die Gerichte nicht wirklich „verkostet". Ich kann mir zwar den Geschmack und die Konsistenz einer Speise vorstellen, ob sie in Wirklichkeit dieser, meiner Vorstellung entspricht, weiss ich erst, wenn ich sie koste. Es kann sein, dass der Geschmack meiner Vorstellung entspricht, er kann aber auch total anders sein. Verkosten heisst, sich überraschen lassen.

Habe ich ein Thema oder ein Bild mit Hilfe des „Impulses" gedanklich eingekreist, dann verkoste ich es, indem ich Erinnerungen und Gefühle aufsteigen lasse, welche sich spontan zeigen. Dabei bewerte ich nicht, ob eine Erinnerung oder ein Gefühl zum Thema passen oder nicht. Ich lasse mich überraschen und schreibe auf, was ich spontan erlebt habe und vertraue darauf, dass meine innere Führung weiss, warum sie mir gerade diese Erinnerung schickt.

Einleitungsgebete

Vater unser im Himmel, geheiligt werde dein Name. Dein Reich komme, dein Wille geschehe wie im Himmel so auf Erden. Unser tägliches Brot gib uns heute. Und vergib uns unsere Schuld, wie auch wir vergeben unsern Schuldigern. Und führe uns nicht in Versuchung, sondern erlöse uns von dem Bösen. Denn dein ist das Reich und die Kraft und die Herrlichkeit in Ewigkeit. Amen

Herr und Gott, vieles wird geredet und vieles wird geschrieben. Dein Wort aber ist anders als alle Worte der Welt. Es ist das Wort in unserem Leben, ein Wort das ermutigt, ein Wort, das trifft. Es ist wahr und bleibt für immer. Es ist lebendig und drängt zum Tun. Herr, lass mich hören, was du sagst. Amen

Komm, Heil'ger Geist, vom ew'gen Thron, eins mit dem Vater und dem Sohn; durchwirke unsere Seele ganz mit deiner Gottheit Kraft und Glanz. Erfüll mit heil'ger Leidenschaft Geist, Zunge, Sinn und Lebenskraft; Mach stark uns in der Liebe Macht, dass sie uns das Herz entfacht. Lass gläubig uns den Vater sehn, sein Ebenbild, den Sohn, verstehn und dir vertraun, der uns durchdringt und uns das Leben Gottes bringt. Amen

Herr, öffne mir die Augen, mach weit meinen Blick und mein Interesse, damit ich sehen kann, was ich noch nicht erkenne. Herr, gib mir ein grosszügiges Herz, das sich Deinem Wort überlässt und zu tun wagt, was es noch nicht getan hat. Herr, ich weiss, dass ich nur lebe, wenn ich mich von Dir rufen und verändern lasse. Amen

Ich bin nicht einsam – allein. Ich darf vor Dir sein. Du, Gott, Vater, Herr, Du achtest, wartest auf mich...

Gott, da bin ich, nichts als ich vor Dir. Ich bringe nichts mit als mich selbst, nichts anderes als mich selbst. Was wird nun geschehen mit mir, vor Dir?

Herr, Du allein weisst, wie mein Leben gelingen kann. Lass mich jetzt in der Stille in Deiner Gegenwart sein und dem Geheimnis meines Lebens nachspüren. Hilf loszulassen, was mich daran hindert, Dir zu begegnen und mich von Deinem Wort ergreifen zu lassen. Hilf mir, zuzulassen, was in mir leben und Mensch werden möchte. So wie es das Bild und Gleichnis verheisst, nach dem Du mich geschaffen hast. Amen

Ich bin da, in diesem Raum, an meinem Platz, in meinem Leib, in meinen Gliedern, in meinem Atem, in der Gegenwart, gegenwärtig, gesammelt, konzentriert, wie auf einen Punkt.

Herr ich schweige und warte auf Dich. Ich schweige, damit ich unter den vielen Stimmen, die Deine entdecke. Ich schweige und staune, dass Du für mich ein Wort hast.

Wie ich so allein dastehe in Deinem grossen Schweigen, Gott mein Vater, leuchtet in meinem Inneren ein weisses Licht auf und erfüllt jedes Atom meines Wesens mit seinem grossen Glanz. Leben, Liebe, Macht, Reinheit, Schönheit, Vollkommenheit, herrschen in mir. Wenn ich hineinsehe in das tiefste Innere dieses Lichtes, erblicke ich ein anderes Licht – klar, sanft in weiss goldenem Strahlenglanz leuchtend – aufnehmend und das zärtliche Feuer des grösseren Lichtes mütterlich hegend und aussendend. Amen

Nun weiss ich um meine Göttlichkeit; ich bin eins mit Gottes Weltall. Leise spreche ich zu Gott, meinem Vater, und nichts vermag mich zu stören. Amen

Herr. Mache mich zum Werkzeug Deines Friedens: Dass ich Liebe bringe, wo man hasst. Dass ich Versöhnung bringe, wo man sich kränkt. Dass ich Einigkeit bringe, wo Zwietracht ist. Dass ich den Glauben bringe, wo Zweifel quält. Dass ich die Wahrheit bringe, wo Irrtum herrscht. Dass ich die Hoffnung bringe, wo Verzweiflung droht. Dass ich die Freude bringe, wo Traurigkeit ist Dass ich das Licht bringe, wo Finsternis waltet.

Meister. Hilf mir, dass ich nicht danach verlange: Getröstet zu werden, sondern zu trösten. Verstanden zu werden, sondern zu verstehen. Geliebt zu werden, sondern zu lieben.

Denn: Wer gibt, der empfängt; Wer verzeiht, dem wird verziehen; Wer stirbt, der wird zum ewigen Leben geboren. Amen
(Gebet des heiligen Franziskus von Assisi)

© Thomas Perkins - Fotolia.com

Die Nachfolge

Im ignatianischen Exerzitienprozess wird in der Phase zwei (Monat 3) eine bewusste Wahl getroffen und diese leitet die Nachfolge ein. „Nachfolge" ist ein Wort, das den meisten heutigen Menschen nicht schmeckt. Nachfolger auf dem geistigen Weg zu sein bedeutet, zu den selbstbewussten Menschen zu gehören, sich vom Massendenken befreit zu haben. Mit der Konsequenz, sich dadurch manchmal etwas einsam und allein zu fühlen, weil wahrscheinlich nur wenige Menschen im persönlichen Umfeld diese Wahl nachvollziehen können.

Nachfolge kennen wir Menschen zur Genüge, wir sind unseren Eltern nachgefolgt, dann im jugendlichen Alter schwärmerisch verehrten Idolen. Später lernten wir uns von personifizierten Idolen zu lösen, eigneten uns ethische Grundhaltungen an und folgten diesen nach. Jemandem oder etwas zu folgen, scheint somit ein urmenschliches Bedürfnis zu sein, auch wenn das meistens nicht bewusst ist. Der Mensch folgt ständig irgendetwas nach, ob es nun persönliche oder politische Überzeugungen sind oder ein herrschendes Weltbild, welches ihn beeinflusst. Durch die bewusste Wahl im Prozess der Exerzitien wird diese diffuse, unbewusste Folge, durch bewusst getroffene Nachfolge ersetzt.

Glauben und erfahren

Nachfolge ist nicht gewährleistet indem ich an Jesus Christus glaube. Sie bedeutet, das Sakrament entgegen nehmen, welches Jesus Christus schenkte, indem er den Weg für den inneren Christus oder Heiligen Geist öffnete und lehrte. Wird dieser innere Geist eingeladen, bedeutet dies, nicht mehr allein zu sein. Das innere „Du" wächst und nimmt Form an. Ich muss nicht scheinbar Unmögliches auf mich nehmen, denn wie oft hatte ich der Vergangenheit schon den Vorsatz gefasst, mein Leben zu ändern und bin oft oder gar jedes Mal daran gescheitert? Nachfolge im Sinne einer mentalen Überzeugung, indem ich mir sage, ab heute folge ich Jesus Christus, bewirkt für sich allein noch gar nichts. Es ist eine mentale Annahme; ich kann auch glauben und verkünden „morgen regnet es" und selbst wenn ich mit dieser Annahme ins Schwarze treffe, bin ich damit noch kein Meteorologe. Wenn ich an Jesus Christus glaube, bin ich somit auch noch kein Gläubiger oder Nachfolger von ihm. Ich bin es erst, wenn ich das gespendete Sakrament dankbar entgegen nehme.

Konkret bedeutet dies, bei meinen Handlungen und Entscheidungen das innere „Du" zu berücksichtigen. Jesus von Nazareth liess sich von der inneren göttlichen Kraft leiten, bis er ganz davon erfüllt und dadurch zum Christus, dem gotterfüllten Menschen wurde. „Christus" ist ein Titel, er bedeutet „der Gesalbte". Jesus hatte sein Leben geheiligt und wurde dadurch zum Gesalbten. Durch den Akt der Salbung wird etwas geheiligt oder Gott geweiht.

Hilfreiche Sakramente

Jesus lehrte, dass jeder Mensch zum Christus werden kann. Mit oder ohne kirchliche Hilfe. Taufe, Firmung, Erstkommunion, Eucharistie, Ehe, Weihe und Salbung sind die sieben Sakramente, die auch von der heutigen Kirche noch gespendet werden. Das Wort „Sakrament" meint „das Heilige", etwas, das heilig macht. Ein Sakrament ist ein Mittel der Heiligung. Es hilft dem Menschen, sein Leben zu heiligen.

„Heil" bedeutet auch, ganz, gesund, glücklich zu sein, so wie der Mensch im Paradies lebte, unbeschwert, glücklich, zu zweit, ohne Leid und ohne Tod. In unbefangener Nacktheit, d.h. ohne materielle Zwänge lebte der Mensch in Gottes heiler Welt, welche er dann selbstbestimmt verlassen hat, um die Erfahrung der Materie und der gottfernen Welt zu machen. Das Heilige meint letztlich das Wirken und die Existenz Gottes in der Welt. Durch das Verlassen des Paradieses hat der Mensch die Welt geteilt. Von nun an gab es eine geistige und eine materielle Welt. Diese beiden Teile drifteten durch die Evolution des menschlichen Geistes immer weiter voneinander fort, bis sie unvereinbar erschienen.

Der gefangene Geist

Der menschliche Geist hat sich so in der Materie verfangen, dass er nur noch an die Existenz der mit den fünf Sinnen erfassbaren Realität glaubt. Seine Sinne sind so materiell konditioniert, dass sie, mit wenigen Ausnahmen, die geistige Welt gar nicht mehr wahrnehmen können. Instinktiv erinnert sich der Mensch aber immer an die Vertreibung aus dem Paradies und die damit verbundene Spaltung der Welt. Also erschuf er dieselbe Spaltung in seiner Realität, teilte sie in Geist und Materie und lebte forthin im Irrtum, mit der geistig-göttlichen Welt in Kontakt zu sein. Dieser Irrtum ist so prägend, dass die meisten heutigen Menschen nicht mehr zwischen mentaler und geistiger Welt unterscheiden können. Mit allen Mitteln versuchen mehr und mehr Menschen das Heil selbst zu erlangen, um sich selber zu heiligen. Die Wenigsten erkennen in diesem Bestreben, dass Gott allein heiligt. Nur das Heilige kann heiligen, so wie nur das Reine reinigen kann. Darum erschien Jesus Christus in der Welt. Deshalb ist er das Sakrament. Er kann Menschen in der Vollmacht und im Auftrag Gottes heiligen. Die meisten Menschen können dies zur Zeit nicht (mehr). Dies hat zu vielen konfessionellen Problemen geführt. In manchen Kirchen werden Priester nicht mehr geweiht, sondern von Menschen gewählt. Menschliche Institutionen nehmen die sakramentale Befähigung für sich in Anspruch, ohne ihr Leben zu heiligen. Der wahre Wert der Sakramente wird nicht mehr erkannt und durch Machtansprüche verweltlicht.

Aufhebung der Trennung

Jeder Mensch hat die Aufgabe, die Trennung der Materie und später auch die Trennung von Materie und Geist wieder aufzuheben und zusammen zu fügen, was ursprünglich zusammengehört; Leib und Geist, Sinnlichkeit und Denken, Erfahrung und Realität. Zur Zeit ist die Menschheit so sehr in der Trennung verfangen, dass diese nicht mehr wahrgenommen wird. Menschen meinen in der ganzen Wirklichkeit zu leben und merken nicht, dass sie mit ihrem menschlichen Denken eine menschlich-geistige Welt erschaffen haben, welche von der göttlich-geistigen Welt weit entfernt ist, da ihre Kreation nur auf mentalen Glaubenssätzen beruht, welche in Wirklichkeit materiell (menschengemacht) sind. Der Mensch kann sich selber nicht heiligen, das kann nur Gott. Gott heiligt jeden Menschen, der dies zulässt; es ist ein passives und kein menschlich aktives Geschehen. Obwohl dies der ursprüngliche natürliche Zustand der Schöpfung ist, erscheint er heutigen Menschen wie ein Mysterium.

Mysterium ist ein Mehr

Bei jedem Wechsel einer Lebensphase, dann, wenn sich „Himmel und Erde" berühren, bei Geburt, Erwachsen werden, Ehe und Tod, benützte die Menschheit seit jeher Rituale. Kirchliche Rituale sind Sakramente. Alle Rituale beinhalten immer einen rationalen und einen mystischen Teil. Im heutigen Sprachgebrauch verstehen wir „Mysterium" als etwas Illusorisches, Unverständliches. Die griechische Wurzel des Wortes „Mysterium" lautet „myein" = verschliessen. Mysterium meint somit ursprünglich etwas Verborgenes, der Allgemeinheit Verschlossenes. Keineswegs eine Illusion oder etwas Nichtexistentes. Der früheren Menschheit war es viel mehr als heute bewusst, dass die symbolische Ebene existiert, dass sie eine Erweiterung der materiellen Wirklichkeit ist. Die materielle Ebene ist immer nur ein armseliger Teil und alle Religionen versuchen den Menschen dahin zu führen, sich nicht nur mit der platten Wirklichkeit zufrieden zu geben. In Phasen von grossen Prüfungen im menschlichen Leben können Rituale helfen, indem sie den Menschen mit der symbolischen, ursprünglichen Ebene in Kontakt bringen.

Für viele ist das Erfassen der symbolischen Ebene praktisch ein Ding der Unmöglichkeit. Deshalb erschien Jesus Christus auf der Erde, um uns Menschen dabei zu helfen. Deshalb unterscheidet die Theologie das eine Sakrament und die vielen Sakramente. Sie bezeichnet Jesus Christus als das eine Sakrament. Er ist Gottes Wort, welches verändert. Durch sein Handeln in seinem Volk, der Kirche, hat er die Menschen geheiligt. Jeder Mensch, der an Jesus Christus glaubt, gehört zu seiner Kirche oder zu seinem Volk, unabhängig von Konfessionen. Laut der Bibel ist nur Gott heilig, alles andere hat an Gottes Heiligkeit teil. Christus, als der Sohn Gottes, ist mit dem Vater eins und deshalb kann er auch heiligen. Hier unterscheidet sich die ursprüngliche christliche Einstellung, welche Jesus, als er zum Christus wurde, als gottgleich akzeptiert, stark von der neuen christlichen Vorstellung, welche Jesus lediglich als edlen Menschen akzeptiert und nicht daran glaubt, dass der Mensch gottgleich werden kann. In dieser Vorstellung wird aber auch das mystische Wirken von jedem Sakrament abgelehnt.

Jesus Christus ist Menschensohn und Gott

In welche Gottferne und Hoffnungslosigkeit die Ablehnung der Gottessohnschaft die Menschen gebracht hat, können wir leicht im täglichen Umfeld bei unseren Mitmenschen wahrnehmen. Zum Teil verneinen Anhänger dieser christlichen Religionsvorstellung auch das Wirken Gottes auf Erden, sie verweisen nur auf das goldene Reich nach dem Tode hin. Diese Idee beinhaltet eine starke Ablehnung des materiellen fleischlichen Lebens, denn dieses dient dann ja nur als Mittel zum Zweck, um ein hoffentlich besseres Jenseits zu erreichen. Wenn dieses fleischliche, irdische Leben so unwichtig und bedeutungslos sein soll, warum hat dann Jesus Christus im täglichen, materiellen Leben, mit alltäglichen Beispielen und Gleichnissen gelehrt? Warum ging er mit Menschen essen und hat sich um ihr leibliches Wohl gesorgt? Warum hat er neben der Seele - auch oder in erster Linie - den Körper eines Kranken geheilt? Die Ablehnung des körperlichen Lebens geht noch in viel grössere Exzesse, indem mit dem Kruzifix der tote, von Menschen misshandelte Körper des Gottessohnes in elendem, halb bekleideten Zustand zur Schau gestellt und verehrt wird! Entspricht dies der liebevollen, lebensbejahenden Haltung, welche Jesus Christus gelebt und gelehrt hat? Das Mysterium des Kreuzweges ist die Auferstehung des Lebens am Ostersonntag und nicht das von Menschen verursachte Leiden vom Karfreitag!

Eine übernatürliche Erfahrung

Wenn wir ein Sakrament empfangen, öffnen wir uns vertrauensvoll für eine Erfahrung, welche über die materielle Welt hinausgeht. Auch wenn wir diese Erfahrung im Moment vielleicht nicht bewusst erleben, geschieht doch etwas mit uns. Durch ein Ritual werden wir beispielsweise getröstet oder in unserem Beschluss bestärkt. In die Nachfolge Christi eintreten heisst, das Sa-

krament Jesus Christus in Empfang nehmen, uns von ihm heiligen, leiten und führen lassen, uns vertrauensvoll in seine Hände
begeben. Alles „machen" und „wollen" aufgeben, indem wir das
Sakrament wirken lassen.

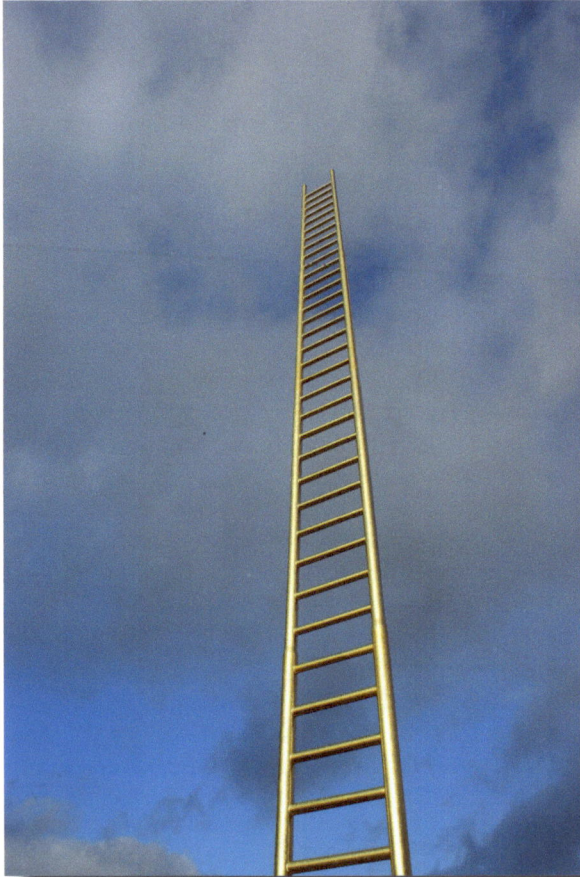

© ErnstPieber - Fotolia.com

Meditationen erste Woche

1. und 2. Tag

*O mein Gott und mein Herr, nimm mich mir und gib
mich ganz zu eigen dir.
O mein Gott und mein Herr, nimm von mir alles, was
mich hindert gegen [zu] dir.
O mein Gott und mein Herr, gib mir alles, was mich för-
dert zu dir. Amen.* Gebet von Bruder Klaus

Impuls: (Mögliches intellektuelles, gedankliches Einkreisen)

„*In die Nachfolge Christi eintreten, fordert zur Wiedergeburt auf, zu einer Aufhebung jeglicher Dualität, zum Wie-
derfinden der ursprünglichen Einheit, zum Aufgehen in
dem Lebendigen Vater, der den Urgrund aller Dinge, das
Substrat alles Seienden ist, aus dem heraus alle Dinge in
einem einzigen Ding zeitlos neu sind. Wenn wir die Wiedergeburt nicht kennen, sind wir wie lebendige Tote. Als
einer der Jünger Jesus mitteilt, er könne Jesus erst folgen,
wenn er seinen Vater begraben habe, lautet Jesu Antwort:*

© VRD - Fotolia.com

Folge mit nach, lass die Toten ihre Toten begraben" (Mt 8,22). Da wir für den Lebendigen Vater tot sind, müssen wir immer wieder unsere irdischen Väter begraben. Jesus ist der Lebendige. Er lebt in dem Lebendigen Vater und aus ihm heraus. Er denkt, spricht und handelt aus dem Urgrund heraus, in dem Geburt und Tod ihre Gültigkeit verloren haben. Der Weise wird nicht geboren, noch stirbt er.
Thomasevangelium (Th)

Verkosten:

Habe ich schon einmal etwas vertraut, obwohl es mein Kopf nicht verstehen konnte? Was könnte das sein? Kann ich wirklich verstehen, warum und ob die Sonne morgen wieder aufgehen wird? Vertraue ich trotzdem darauf, obwohl es mein Kopf nicht fassen kann? Habe ich als kleines Kind nicht auch der Fürsorge meiner Eltern vertraut? Wie fühlt es sich an, wenn ich auf meine lebendigen Eltern, Vater(Mutter) Gott, Jesus (Maria) vertraue? Wie fühlt sich für mich das Gebet von Bruder Klaus an? Ist es wie eine Neugeburt, Wiedergeburt oder wie die Erneuerung der Taufe (Ostern) für mich?

© Anyka - Fotolia.com

3. Tag

Die Einheit aller Dinge; der Schöpfer hat die Schöpfung aus sich selbst heraus erschaffen, deshalb können wir gar nie vom ihm getrennt sein. Vielleicht können wir diese Einheit aller Dinge erahnen, wenn wir uns eine strahlende Sonne mit unendlich vielen Strahlen in alle Richtungen vorstellen. Wir und alles, dessen wir uns bewusst sind, sind ein kleines Teilchen am Ende dieser Strahlen, ausgesandt, um Erfahrung zu sammeln und bewusst zu werden und dann wieder in die Mitte zurück zu kehren. Trennung ist unmöglich, sobald ein Strahl von der Quelle abgeschnitten ist, hört er auf zu existieren. Marie Thérèse Rubin

Impuls:

Kann der Mensch Gott erfahren? Welches Geheimnis verbirgt sich im Offensichtlichen?

© Marie Thérèse Rubin

Verkosten:

Wann habe ich das innere Licht erahnt? Sträubt sich mein Verstand dagegen, dass es so etwas gibt? Warum? Wer hat mir das erzählt, wo habe ich diese ablehnende Überzeugung gelernt? Ist es wirklich meine eigene Meinung?

4. Tag

Jesus sprach: Wer sucht, soll nicht aufhören zu suchen, bis er findet. Und wenn er gefunden hat, wird er verwirrt sein, und verwirrt wird sich sein Staunen verlieren, und er wird herrschen über das All. Wenn du gefunden hast und um die Wunder dieser Offenbarung weisst, dann begleite deine verwirrte Verwirrung in den Abgrund, endlos sinkend, denn das Wunder bist du selbst, und die Allmacht, die es dir gibt, ist die Macht des Alls, das dich erschuf, dich, ichlos gewordener Allmächtiger.

Thomasevangelium (Th 2)

Impuls:

Jesus hatte seine Jünger berufen, mitten aus ihrem Leben heraus und sie sind ihm gefolgt, kompromisslos. Sie haben ihm, dem Fremden, Strahlenden, Lebendigen, vertraut. Gott Vater und Jesus Christus sind uns heutigen Menschen fremd, wir kennen sie nicht persönlich, jedenfalls nicht bewusst.

Das verwirrt und macht unsicher. Unser bewusster Verstand kapituliert und rät uns ab und will uns vor dieser unsicheren Gefahr warnen, deshalb müssen wir immer weiter suchen, immer wieder. Wem können wir mehr trauen, unserem Verstand oder Jesus Christus?

Verkosten:

Habe ich schon einmal etwas Fremdem, Strahlendem, vertraut? Habe ich Vertrauen in das Lebendige, in das Leben? Wie fühlt sich das an? Was „bringt" es mir?

5. Tag

Jesus sprach: Ich habe euch geliebt und euch das Leben zu geben gewünscht. Jesus, der Lebendige, ist die Erkenntnis der Wahrheit.   *Gnosis, Bücher des Jeû*

Impuls:

Jesus der Lebendige hängt nicht am zeitlichen Körper, durch den sich der Lebendige Vater manifestiert. Als die Frauen aus Galiläa zum Grab Jesu gehen, finden sie es leer vor. Zwei Männer in leuchtenden Gewändern treten zu ihnen und sagen: Was sucht ihr den Lebenden bei den Toten (Lk 24, 5)? Jesus ist auferstanden vor dem Tod, hat sich vor dem Sterben des Körpers mit dem Lebendigen Vater vereinigt und ist dadurch selbst der Lebendige geworden.

Der Lebendige erweckt alles Verdorrte, Tote und Erstarrte zu neuem Leben. Versteinertes Wissen verwandelt er in geistiges Brot, indem er die Seele des Wortes entschleiert. Irdischen Wein verwandelt er in geistigen Wein. In syrischen Schriften wird der Name Jesus wiederholt mit dem Epitheton[1] der Lebendige ergänzt.

Verkosten:

Wann und wie habe ich in meinem Leben den Lebendigen erfahren? Wenn nicht, wie stelle ich mir diesen Kontakt vor? Kann es sein, dass Er mein Gewissen ist, meine innere Ethik, meine inspirierten Gedanken, meine guten Gefühle? Was kommt mir dazu in den Sinn?

---

[1] Mit Epitheton bezeichnet man in der Rhetorik/Stilistik das Hinzufügen eines im Satzzusammenhang nicht unbedingt erforderlichen Attributs, zum Beispiel die „grüne Wiese".

6. und 7. Tag

Wer mich findet, braucht nichts anderes. Wer mich hat, den habe ich auch. Alles Überflüssige wirft er von sich. Wie einfach das ist! Th 8

Impuls:

Ein Adler sorgt gut für seine Jungen und breitet über dem Nest seine Flügel aus, um die jungen Adler zu schützen. Dieses Bild beeindruckt die Menschen. Schon früh machten sie es deshalb zum Sinnbild für den Schutz, den Gott den Menschen schenkt. Wie die jungen Adler im Nest, so werden wir von Gott beschützt. Seine grossen Flügel halten alle Gefahren von uns fern.

Auch das hat bereits das Volk Israel erlebt; denn Gott sagte im dritten Buch der Bibel zu ihm: «Ich hütete dich wie der Adler, der sein Nest beschützt und über seinen Jungen schwebt, der seine Schwingen ausbreitet, ein Junges ergreift und es flügelschlagend davonträgt».

Verkosten:

Wie fühle ich mich als Mensch, wenn ich Verantwortung an etwas Grösseres abgeben kann?

Wo macht es mir am meisten Mühe loszulassen? Habe ich das Gefühl schon einmal erfahren, getragen zu sein? Wo war das? Wann? Wie fühlte es sich an oder wie stelle ich es mir vor?

© visceralimage - Fotolia.com

Meditationen zweite Woche

1. Tag

Jesus sprach: Wenn eure Anführer euch sagen: Seht, das Königreich ist im Himmel, dann werden die Vögel des Himmels euch zuvorkommen. Wenn sie sagen: es ist im Meer, werden die Fische euch zuvorkommen. Aber das Königreich ist inwendig in euch und ausserhalb von euch.

Th 3

Impuls:

Das Reich Gottes ist weder im Himmel noch in der äusseren Welt zu finden, denn es ist kein Ort, sondern ein Seinszustand.

Jeder Mensch gehört durch seine materielle Persönlichkeit der äusseren Welt an, in seinem innersten Wesen jedoch zum Reich Gottes. Verwirklicht der Mensch durch sein Denken und Handeln das Reich Gottes im Leben, dann ist er aussen und innen lebendig und das Reich Gottes wird im Inneren und im Äusseren gegenwärtig. Dann ist das Reich Gottes verborgen und gleichzeitig auch offenbar. Dann ist es überall und jederzeit. Der Mensch, der innerlich wach wird, manifestiert das Reich Gottes in der Schöpfung.

Verkosten:

Was bedeutet für mich rechtes Handeln und Denken? Lebe ich innerlich? Habe ich das Reich Gottes in meinem Inneren schon einmal erfahren? Wie hat es sich gezeigt? Wie habe ich mich dabei gefühlt? Wer oder was hat es mir gezeigt?

© Oksana - Fotolia.com

2. Tag

Da er aber gefragt ward von den Pharisäern: Wann kommt das Reich Gottes? Antwortete er ihnen und sprach: Das Reich Gottes kommt nicht mit äusserlichem Gebaren. Und man wird auch nicht sagen: Siehe, hier oder da ist es. Denn sehet, das Reich Gottes ist inwendig in euch.

Lk 17, 20-21 Lutherbibel 1844

Impuls:

Gottes Reich in mir? Wann habe ich das letzte Mal über die menschliche Schönheit nachgedacht? Kann auch ein äusserlich hässlicher Mensch inwendig schön sein? Bezieht sich Schönheit auf perfekte Körper, reine Wangen und blitzende Augen oder gibt es noch eine andere Schönheit? Die Schönheit, welche sich hinter einem faltigen oder verunstalteten Gesicht verbergen kann?

Verkosten:

Kenne ich innere Schönheit? Kenne ich meine eigene innere Schönheit? Habe ich das Recht, mich schlecht zu machen, wenn das Reich Gottes in mir wohnt?

© Marie Therese Rubin

3. Tag

Wenn ihr euch erkennt, dann werdet ihr erkannt werden, und ihr werdet wissen, dass ihr Söhne (Töchter) des lebendigen Vaters seid. Wenn ihr euch aber nicht erkennet, dann seid ihr in Armut und ihr seid die Armut.   Th 3

Impuls:

Der Mensch ist berufen, das Reich Gottes in sich und in seinem Leben zu verwirklichen. Es geht also darum, das zu verwirklichen, was die weisen Lebensführer schon immer gefordert haben: Erkenne dich selbst, dann erkennt dich Gott. Erkenne dich und verwirkliche dich! Sei du selbst! Wer diese dreifache Aufgabe löst, kann die höchste Dreiheit erringen: die Gott-Erkenntnis, das Einssein mit dem Vater und die Gottunmittelbarkeit.
Dann erfüllt sich die Verheissung Christi im Johannes-Evangelium: „Ich werde euch wiedersehen und euer Herz wird sich freuen und eure Freude soll niemand von euch nehmen". Durch dieses Erwachen der Seele zu Christo, dem wahren Licht Gottes, das in ihrem Innersten leuchtet, wird sie zur Stätte seiner Auferstehung. Und dann macht das Christus-Wort der Apokryphen Sinn, das heisst: „So viele Menschen auf Erden sind, so viele Götter gibt es im Himmel".   (Quelle: K. O. Schmidt, Thomasevangelium)

Wie ist mein Selbstbild, mein Selbstvertrauen? Habe ich das Recht, mich schlecht zu machen, zu verurteilen, als Nichts zu fühlen? Egoistische Menschen, welche ihre materielle Persönlichkeit stärken und sich rücksichtslos in „Ellbogenmanier" durch das Leben boxen, sind gesellschaftlich verpönt. Aber wie steht es mit dem Gegenteil, mit Menschen, die ihren Selbstwert nicht kennen? Menschen, die sich selber klein, bedeutungslos und schlecht machen. Sind diese wirklich besser? Zu welcher Tendenz gehöre ich? Was ist schlimmer?

Willst du in Gott leben und mit ihm eins werden, musst du dich selbst verlassen und verlieren. Der Mensch kann nicht zwei Herren dienen, der Materie und der Seele.

Verkosten:

Wie fühlt es sich an, das Reich Gottes in mir zu wissen? Was löst das in mir aus? Was für Erinnerungen kommen mir dazu in den Sinn?

© lassedesignen - Fotolia.com

4. und 5. Tag

Barmherziger und guter Gott, erfülle Du mein inneres Haus mit Deinem Licht und Deiner Liebe. Zeige mir, wo ich Deine Gegenwart in mir vergraben habe unter meinen Sorgen und meiner Geschäftigkeit, unter meinen Ängsten und Traurigkeit, unter den vielen Gedanken, die ich mir über die tausend Dinge des Alltags mache. Räume Du in mir hinweg, was mich hindert, Deine Gegenwart wahrzunehmen. Wohne Du in mir, damit ich alle Räume meines inneren Hauses bewohnen kann, damit ich gemeinsam mit Dir in meinem Lebenshaus wohnen darf und in Dir und mit Dir mich selbst finde, so wie Du mich geschaffen und gebildet hast. Amen   *Gebet Marie Thérèse Rubin*

Impuls:

Hier und jetzt, im Fleisch dieser Welt, in uns selbst und zeitlos, ist das Königreich. Hier und jetzt, in uns selbst ist der Urgrund des Vaters. Zeit und Raum sind belanglos. Hier und jetzt sind alle Wesen, alle Dinge, die sich in ihrem Ursprung erkennen.
(Quelle E. van Ruysbeek/M. Messing, das Thomasevangelium)

Verkosten:

Wie stelle ich mir das Reich Gottes vor? Fühle ich mich würdig dafür? Bin ich mir bewusst, dass ich seine Schöpfung in Frage stelle, wenn ich mich selbst in Frage stelle? Wie fühlt es sich an, in seinem Inneren zu Hause zu sein? Gibt es Situationen in meinem Leben, wo ich dieses Gefühl erfahren habe? Wenn nicht, bin ich bereit, mich für diese neue, wunderbare Erfahrung zu öffnen?

6. und 7. Tag

Jesus sprach: Ein Greis wird nicht zögern, ein kleines Kind von sieben Tagen über den Ort des Lebens zu befragen; und er wird leben. Denn viele Erste werden Letzte sein, und sie werden Eins sein. Th 4

Impuls:

O Einswerdung, Einheit des Kindes, Kind, das noch in den Greisen lebt. Vollkommenes Leben vor dem Leben, das uns zum Leben erweckte. O werden wir, was wir waren und unergründlich sind, kein Mann und keine Frau, sondern eins.
(Quelle E. van Ruysbeek/ M. Messing, Das Thomasevangelium)

©1506965 - Fotolia.com

Verkosten:

Wie fühlt es sich an, Kind Gottes zu sein? Was für ein Gefühl löst es in mir aus, wenn ich überlege, dass Gott bei mir gegenwärtig ist? Habe ich das schon einmal erfahren? Was löst dieser Gedanke bei mir aus? Was für Gefühle steigen in mir hoch? Was für Erinnerungen kommen mir in den Sinn?

Meditationen dritte Woche

1. Tag

Jesus sprach: Erkenne, was vor deinem Angesicht ist, und was dir verborgen ist, wird dir enthüllt werden. Denn es gibt nicht Verborgenes, das nicht offenbar werden wird.

Th 5

Impuls:

Auch bei Markus (4, 22) und Lukas (8, 17) findet sich die gleiche Verheissung. Die vollkommene Erkenntnis ist die Selbsterkenntnis, denn sie ist auch Gott-Erkenntnis, wie Hippolyt (Gegenbischof von Rom † 235) geschrieben hat: „Der Anfang der Vollkommenheit ist die Selbsterkenntnis des Menschen; vollkommene Vollendung ist Gott-Erkenntnis". Zum Lichtprozess gehört das ständige Streben nach innerem Wachstum und Erkenntnis. Was bedeutet das im täglichen Leben? Es geht darum, unter die Oberfläche zu schauen. Wenn wir etwas sehen, bewusst darauf zu blicken, den inneren Kern zu erspüren, hinter dem Schatten das Licht zu suchen. Das heisst, hinter dem Materiellen, Irdischen, das Geistige, Ewige, zu suchen oder unter der menschlichen Hülle das Göttliche wahrzunehmen. Wer nur äusserlich schaut, sieht nur das Dunkle (Materielle), das Licht (Geistige) bleibt ihm verborgen, es bleibt dunkel. Wer mit dem geistigen Auge (intuitiv) wahrnimmt, dem bleibt nichts verborgen, denn es gibt nichts Verborgenes, das sich dem Lichtauge des Geistes nicht offenbart.

Verkosten:

Wie nehme ich meine Umwelt, meine Mitmenschen wahr? Erkenne ich beim Mitmenschen das Licht, welches sich hinter der äusseren Dunkelheit versteckt? Bin ich mir bewusst, dass jedes Werten, Beeinflussen und Verändern wollen von Mitmenschen zur dunklen Seite gehören, weil ich durch solche Eingriffe den freien Willen des Anderen nicht achte? Erlaube ich meiner Intuition, mich zum und ins Licht zu führen? Wie sind meine Erfahrungen damit? Was für Gefühle und Erinnerungen zeigen sich mir?

2. Tag

Jesus sprach: Selig ist der Löwe, den der Mensch essen wird, und der Löwe wird Mensch sein. Und elend ist der Mensch, den der Löwe essen wird und der Mensch wird Löwe sein.   Th 7

Impuls:

Der Löwe ist Sinnbild der Ichhaftigkeit, der weltlichen Persönlichkeit. Wenn der Mensch den Löwen isst, verinnerlicht er seine weltliche Persönlichkeit. Findet dieser Verinnerlichungsprozess nicht statt, verroht der Mensch und er wird buchstäblich zum Raubtier. Der Mensch soll seine Ichhaftigkeit überwinden und die Welt vom Geist her anschauen. Lange wurde dieses Sinnbild falsch betrachtet, indem die Welt zum Widersacher gemacht und in der Folge abgelehnt wurde. Dies hat zu einer weltabgewandten oder gar weltverachtenden Geistlichkeit geführt. Nicht die Welt oder der „Löwe" sind schlecht, sondern das, was der Mensch damit und daraus macht.

© ivan_varukhin - Fotolia.com

Verkosten:

Was tue ich für mein Seelenheil? Erkenne ich den Unterschied zwischen Ich und Selbst? Weiss ich, wie ich meine Ich-Sucht überwinden kann? Ist mir das schon gelungen? Habe ich Christus, die Engel, zur Hilfe eingeladen? Oder muss und will ich alles alleine machen? Was für Erinnerungen kommen mir in den Sinn? Was für Gefühle löst dies aus?

3. Tag

Und er sagte; der Mensch gleicht einem klugen Fischer, der sein Netz ins Meer geworfen hatte. Er zog es herauf, voll von kleinen Fischen. Unter ihnen fand der kluge Fischer einen grossen und guten Fisch. Ohne zu zögern wählte er den grossen Fisch und warf alle kleinen Fische in die Tiefen des Meeres zurück. Wer Ohren hat zu hören, der höre!

Th 8

Impuls:

Welches ist der grosse Fisch oder der Schatz, den der Erwachte bekommt? Im Korintherbrief beschreibt Paulus den Schatz als die Fähigkeit zur inneren Wahrheitsschau. Sie ermöglicht dem Menschen, zwischen guten und schlechten Mächten zu unterscheiden. Dadurch wird es dem Menschen möglich, das Rechte zu wählen und zu vermehren und das Ungute zu meiden.

Verkosten:

Wie gehe ich mit dem Unguten um? Bekämpfe ich es und versuche es zu ändern oder kann ich es einfach akzeptieren und meide es? Wenn das Gute mit Licht zu vergleichen ist, dann ist das Ungute das Schattenreich. Bekämpfe ich das Ungute, so trete ich in Schattenkämpfe ein, dadurch werden die Schatten immer grösser und furchterregender. Bleibe ich aber im Licht, auch wenn mein eigenes Licht noch sehr schwach ist, lösen sich die Schatten auf und verschwinden. Was für Gefühle löst dieser Gedanke in mir aus, was kommt mir dazu in den Sinn?

© sadenur - Fotolia.com

4. Tag

Jesus sprach: Wer den Vater lästert, dem wird vergeben wer-
den, und wer den Sohn lästert, dem wird vergeben werden.
Aber wer den reinen Geist lästert, dem wird weder auf Er-
den noch im Himmel vergeben werden.   *Th 44*

Impuls:

Hier zeigt Jesus den Unterschied vom wahren Geist, der einen Religion (im Sinne von religio = Rückbindung) auf. „Vater" ist ein menschengemachtes Bild vom Unfassbaren. „Sohn" ist der im Menschenreich inkarnierte Teil des Unfassbaren, während der „Heilige Geist" oder der reine Geist der Ursprung selber ist. Mit Hilfe des Heiligen Geistes kann sich somit der Mensch mit dem Ursprung selbst verbinden. Die Wasser oder das Licht des Heiligen Geistes berühren den seelisch Erwachten nicht nur äusserlich, sondern durchdringen ihn von innen her gänzlich, sie reinigen und erneuern und verwandeln den Menschen. Dadurch wird Religion nicht mehr nur zur äusseren Bekenntnis, sondern sie berührt das Denken und Handeln täglich, während 24 Stunden und wird zur Erkenntnis. Dadurch wird der Mensch zum Schöpfer seines Lebens und seines Schicksals.

Verkosten:

Wo oder an was orientiere ich mich? Wann bin ich in Berührung mit dem Heiligen Geist? Wie ist mein Verhältnis zur Religion? Kann ich durch das Finden der inneren Kirche Frieden mit der äusseren Kirche schliessen? Lade ich den Heiligen Geist täglich ein? Was für Erinnerungen und Gefühle kommen mir dazu in den Sinn?

5. Tag

Jesus sprach: Die Pharisäer und die Schriftgelehrten haben die Schlüssel der Gnosis (Erkenntnis) erhalten und haben sie versteckt. Sie sind nicht eingetreten, und die, die eintreten wollten, haben sie nicht hineingelassen.   Th 39

Impuls:

Gnosis bezieht sich auf Religion und meint die eine Religion, welche die Rückbindung mit der Quelle bedeutet. Diese Rückbildung ist Erkenntnis und inneres Erwachen. Die Pharisäer und Schriftgelehrten haben (teilweise bis heute) aus der Religion ein äusseres Bekenntnis, Konfessionen, gemacht. Dadurch sind sie weder selber, noch jene die sich ihrer Führung anvertrauen, fähig, in das Lichtreich Gottes einzutreten. Diese Kritik der Pharisäer wird von Jesus mehrmals bei verschiedenen Aussagen wiederholt. Eine wahre geistige Führung von aussen kann immer nur eine Weisung nach innen sein.

© babimu - Fotolia.com

Verkosten:

Höre ich auf meine innere Führung? Wie „meldet" sich diese bei mir? Erkenne ich manchmal inspirierte Gedanken, die wie meine eigenen auftauchen und nicht bewusst von mir gedacht wurden? Was für Erinnerungen kommen mir dazu in den Sinn? Was für Gefühle kenne ich, die von der inneren Führung stammen könnten?

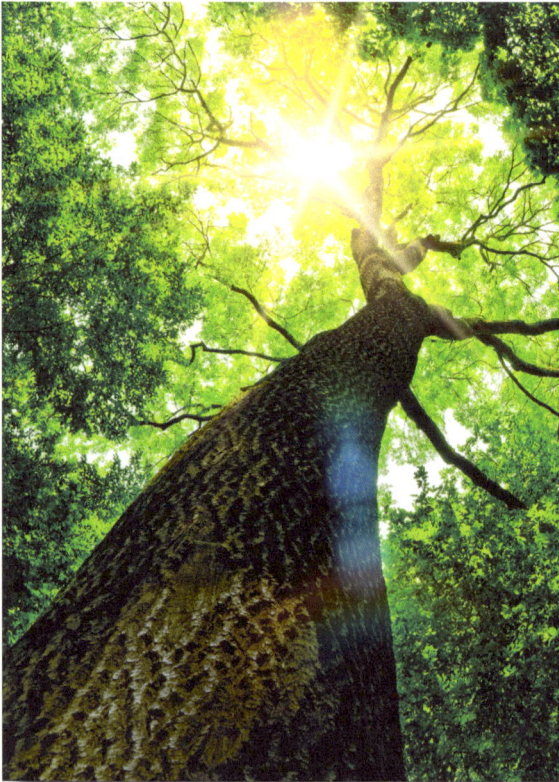

©vovan - Fotolia.com

6. Tag

Jesus sprach: Ein Weinstock wurde ausserhalb des Vaters gepflanzt und da er nicht feststeht, wird er mit den Wurzeln ausgerissen werden und verdorren. Th 40

Impuls:

Auch diese Aussage wird mehrmals wiederholt. Wer sein Leben nicht in Gott lebt, wird unfruchtbar und hat sein Leben verfehlt. Wer sich der immerwährenden Gegenwart von Christus in uns gewahr wird, wird mit ihm und aus ihm leben und dadurch aus dem Ewigen leben. Er wird fruchtbar sein und reiche Ernte bringen.

©Frank Merfort- Fotolia.com

Verkosten:

Wie nehme ich Christus in mir wahr? Wie verbinde ich mich mit ihm? Was für Gefühle und Erinnerungen löst dieser Gedanke in mir aus?

7. Tag

Jesus sprach: Seid Vorübergehende.

Thomasevangelium

© Marie Thérèse Rubin

Impuls:

Der Mensch kann weder die Materie noch den Geist festhalten, aber er kann mit dem Geist vorwärts gehen.

Verkosten:

Wie bin ich unterwegs?

Meditationen der vierten Woche

1. Tag

Jesus sprach: Es ist unmöglich, dass ein Mensch auf zwei Pferden reitet, dass er zwei Bögen spannt. Und es ist unmöglich, dass ein Diener zwei Herren dient, oder aber er wird den einen ehren und den anderen verhöhnen. Niemand trinkt alten Wein, es sei denn, er verlangt sogleich neuen Wein zu trinken. Neuen Wein giesst man nicht in alte Schläuche, aus Angst, sie könnten platzen, und alten Wein giesst man nicht in einen neuen Schlauch, aus Angst, man könnte ihn verderben. Man näht nicht einen alten Flecken auf ein neues Kleid, denn dadurch würde ein Riss entstehen. Th 47

Impuls:

Der Mensch hat die freie Wahl, er kann entscheiden, welcher Welt er den Vorzug geben will. Aber er kann nicht in zwei Welten leben. Denn die Weltauffassungen dieser beiden Welten sind zu verschieden. In der äusseren, materiellen Welt wird gelehrt, dass sich beispielsweise der Charakter eines Menschen praktisch nicht verändern lässt. Zahllose Beispiele lehren aber, dass der Mensch, wenn er in das göttliche Reich eintritt, von Grund auf verwandelt wird. Sein Denken und Handeln und sein Charakter ändern sich von innen her durch die Einswerdung mit dem Geist des Lebens.

Verkosten:

Was löst diese Botschaft in mir aus? Habe ich das Gefühl, mir alles selbst erschaffen zu müssen? Habe ich das Gefühl, mich nicht ändern zu können? Welche Gefühle, Erinnerungen, kommen mir dazu in den Sinn?

2. Tag

*Jesus sprach: Wenn zwei miteinander Friede schliessen
in ein und demselben Haus, werden sie zum Berg sagen:
Hebe dich hinweg, und er wird sich hinwegheben. Th 48*

Impuls:

Mit dem Haus ist der Mensch gemeint, mit seinem Bewusstsein und Unterbewusstsein, mit dem Inneren und dem Äusseren, dem Ich und dem Selbst. Durch die Einheit lebt der Mensch die Gotteskindschaft. Dann vereinigen sich auch die beiden Pole männlich und weiblich, und der Mensch kann in die mystische Hochzeit mit Gott eintreten. Dann ist Christus in ihm auferstanden und der Mensch hat die Gottessohnschaft erlangt. Paulus schreibt im Galaterbrief; „weder Jude noch Grieche, weder Knecht noch Freier, weder Mann noch Frau; denn ihr seid allzumal einer in Christo". Als Träger des göttlichen Geistes und Willens ist dem Mensch nichts mehr unmöglich, er kann Materie verändern.

Bild: zvg

Verkosten:

Wie fühlt sich innerer Frieden an? Kann ich den allein erreichen oder muss ich etwas ändern in meinem Leben? Bin ich mir der Gegenwart von Christus in meinem Inneren bewusst? Höre ich auf seine Weisungen?

3. Tag

*Jesus sprach: Selig seid ihr; Einsgewordene, Auserwählte,
denn ihr werdet das Königreich finden. Da ihr aus ihm
hervorgegangen seid, werdet ihr dahin zurückkehren.*

Th 49

Impuls:

Ihr Einsgewordene, die ihr eins seid in euch und in eurem Vater, so wie ihr das Königreich gefunden habt, so hat das Königreich euch gefunden, das ihr niemals verlassen, das euch
niemals verlassen.

Bild: zvg

Verkosten:

Wie kann ich meine Taten und Handlungen in Einklang mit
dem göttlichen Reich bringen? Was für Gefühle löst diese Vorstellung aus? Sitze ich auf dem hohen Ross oder bin ich bereit,
mir helfen zu lassen? Was für Gefühle, Erinnerungen, löst diese
Vorstellung in mir aus?

4. Tag

Jesus sprach:
Wenn die Menschen euch fragen: Woher kommt ihr?
So antwortet: Wir sind aus dem Licht gekommen, von
dort, wo das Licht aus sich selbst heraus geboren ist.

Wenn sie fragen: Wer seid ihr? So antwortet: Wir sind
seine Söhne (Töchter) und die Auserkorenen des leben-
digen Vaters.

Wenn sie euch fragen: Welches ist das Zeichen eu-
ers Vaters, der in euch ist? So antwortet: Es ist Bewe-
gung und Ruhe.

Th 50

Impuls:

Der geistige Weg beginnt mit der bewussten Entscheidung, mit der Wahl des Lichtweges. Des Lichtes jenseits der Welt, des Lichtes des Urgrundes, jenseits allen menschlichen Verstehens. Dieses Licht verwandelt, stärkt, beruhigt und gibt Mut. Es strahlt so stark, dass es nicht versteckt werden kann und unweigerlich wird es anderen auffallen. Die zweite Entscheidung ist zum Lichtweg zu stehen, indem ich mir bewusst werde, wer ich bin, nämlich Tochter (Sohn) Gottes und dies auch bekenne. Dann wird es mir möglich, das innere Zeichen des Vaters zu erleben, in der Liebe und im Licht zu ruhen und gleichzeitig vom Geist bewegt zu werden.

Verkosten:

Wann und wo bin ich dankbar, liebe ich? Seit wann kann ich zu mir selbst stehen und mich anerkennen? Wie fühlt sich das an? Was für Erinnerungen, Gefühle, kommen mir dazu in den Sinn?

5. Tag

Seine Jünger fragten ihn: An welchem Tag wird die Ruhe der Toten eintreten? Und an welchem Tag wird die neue Welt kommen? Er antwortete ihnen: Was ihr erwartet, ist gekommen, aber ihr, ihr erkennt es nicht.　　*Th 51*

Impuls:

Das Reich Gottes ist an keine Zeit und keinen Ort gebunden, denn es ist nicht von dieser Welt. Es kommt nicht erst nach dem Tode, wo die ewige Ruhe und das Paradies erwartet werden. Diese Ruhe ist ein Zustand, welcher während des irdischen Lebens erreicht werden kann, nämlich dann, wenn der menschliche Geist im göttlichen Reich leben will. Das Reich Gottes ist im Innern eines jeden Menschen und jeder Mensch kann, wenn er will, in dieses Reich zurückkehren. Es kündet sich aber nicht mit Pauken und Trompeten an und durch die Versuchungen der materiellen Welt lassen es viele Menschen unbeachtet. Deshalb mahnt Christus an anderer Stelle;

die Pforte ist eng... viele sind berufen, doch nur wenige finden den Weg...".

Wer sich an der gängigen Welt- und Medienmeinung orientiert, wird auch in der heutigen Zeit den Weg nur schwer erkennen.

Verkosten:

Erkenne ich das göttliche Reich oder komme ich mir manchmal einsam vor? Habe ich mir schon überlegt, was das Wort einsam bedeutet? Ein Same, der keimt, ein Leben, welches sprosst... Ist da das Einsam - sein nicht einfach eine Illusion? Kann ich Gott überhaupt genug danken, dass ich auf dem Weg gehen darf, dass ich ihn gefunden habe? Dass ich ihn nicht allein gehen muss, sondern den Engel der Weisheit oder den Christusgeist jederzeit um Hilfe bitten kann? Was für Gefühle löst diese Vorstellung aus? Was für Erinnerungen kommen mir dazu in den Sinn?

6. Tag

Jesus sprach: Das Königreich des Vaters gleicht einem Mann, der gute Samen hatte. Sein Feind kam in der Nacht und säte Unkraut unter den guten Samen. Der Mann liess das Unkraut nicht ausreissen und sagte: Dass ihr nicht hingeht und das Unkraut ausreisst und dabei auch den Weizen vernichtet. Am Tag der Ernte wird sich das Unkraut schon zeigen und man wird es ausreissen und verbrennen. Th 57

Impuls:

Der Tag der Ernte, der Tag der Auswirkung des selber gesäten Schicksals, ist jederzeit, alle Tage. Der Mensch erntet täglich, was er gesät hat, somit hat auch jener, welcher bisher den Weg des Lichtes verfehlt hat, täglich die Möglichkeit umzukehren. Natürlich erscheint diese Umkehr dem Menschen, welcher bisher nur für die (materielle) Welt lebte, schwer und leidvoll, deshalb sagt Jesus: „Selig der Mensch, der gelitten hat. Er hat das Leben gefunden". Dies will aber nicht heissen, dass das Reich Gottes nur durch Leid erfahren werden kann, es liegt einfach nur in der Bequemlichkeit des Menschen, dass er oft erst nach genügend schwerem Leidensdruck an die Umkehr denkt.

Verkosten:

Wie fühle ich mich als Schöpfer meines Lebens? Wie nutze ich meine Schöpfungskraft? Was habe ich bisher in meinem Leben gesät? Was für Gefühle lösen diese Gedanken aus, was für Erinnerungen kommen mir dazu in den Sinn?

© Marie Therese Rubin

7. Tag

---

*Jesus sprach: Schaut auf den Lebendigen, solange ihr lebt,
damit ihr nicht sterbt und versucht Ihn zu sehen und Ihn
nicht sehen könnt.*   Th 59

Impuls:

Auch dieser Text verheisst nochmals, dass das Reich Gottes im diesseitigen Leben erfahren werden kann. Jesus ermahnt uns, nicht auf eine ferne Zukunft zu hoffen. Er rät, das (kurze) menschliche Leben zu nutzen. Was wir hier und jetzt im täglichen Leben nicht verwirklicht und gefunden haben, das suchen wir vergeblich jenseits der Todespforten!

© L.Klauser - Fotolia.com

Verkosten:

Nutze ich mein Leben, meine Zeit? Bin ich mir der Gegenwart des Lebendigen bewusst? Kommuniziere ich mit ihm? Wie? Als Stimme im Kopf? Als Lichterscheinung? Und wenn Er durch meine Gedanken zu mir sprechen würde… Würde ich es für möglich halten?

Zusatztag 1

Jesus sprach: Ich sage meine Geheimnisse denen, die meiner Geheimnisse würdig sind. Was immer deine Rechte tun wird, deine Linke soll nicht wissen, was sie tut.

Th 62

Impuls:

Würdig sind jene, die erwacht sind und Jesus kennen. Mit diesem Text ermahnt er, dass es nutzlos ist, noch Schlafende wecken zu wollen, sie haben zwar Ohren, aber die können nicht hören. Ebenso haben sie Augen, welche nicht sehen können. Jegliches Missionieren ist somit zwecklos und wird von Jesus abgelehnt. Der zweite Teil des Textes ermahnt, dass die eigenen geistigen Überzeugungen nicht an die grosse (materielle) Glocke gehängt werden sollen. Mit der göttlichen Weisheit verhält es sich wie mit den Almosen, die man nicht öffentlich, sondern in aller Stille den Bedürftigen und dafür Würdigen geben soll.

Verkosten:

Wann und wo bin ich dankbar, lebe ich? Was ist für mich Licht, wie erlebe ich es? Kämpfe ich gegen die Dunkelheit an und gebe ihr dadurch Kraft, statt dass ich mich ins Licht stelle? Wie fühlt sich das an? Was für Erinnerungen kommen mir dazu in den Sinn?

Die drei heiligen Geheimnisse

Marie Thérèse Rubin

Das Buch, welches Geheimnisse aufdeckt

Zusatztag 2 und 3

Jesus sprach: Wer das All erkennt, aber seiner selbst beraubt wird, der wird des Alls beraubt.   Th 67

Impuls:

Der Weg des Menschen führt vom Ich-Bewusstsein zur Selbstverwirklichung und von dort zum kosmischen Bewusstsein der Gottunmittelbarkeit.

Verkosten:

Was für ein Gefühl ist es zu wissen, dass ich Christus in mir habe? Habe ich Sein Wirken und das Wirken von Engeln bereits erfahren? Wie fühlt es sich an? Was löst es aus?

Übung

Beobachten des eigenen Atems – spüren, wie er kommt und wie er geht. Sich vorstellen, dass dieser Atem nicht nur Luft ist, sondern Gottes Atem, Gottes Geist, Gottes Heiliger Geist. Im Atem durchdringt mich der Heilige Geist. Gott ist nicht der ferne Gott, sondern der, der in mir atmet, der alles in mir mit seiner zärtlichen Liebe erfüllt, der mir einen neuen Geschmack schenkt, den Geschmack der göttlichen Liebe.

Gebet: Vater im Himmel, Dein Sohn Jesus Christus hat uns gelehrt, Dich mit dem vertrauten Namen „Abba, lieber Vater" anzusprechen. Ich danke Dir, dass ich Dein Kind bin und nicht mehr Sklave, der an seiner Leistung gemessen wird. Lass mich in der Freiheit der Kinder Gottes leben und aus dem Vertrauen, dass Du als mein Vater mir das Rückgrat stärkst und mir den Rücken freihältst, damit ich das Leben in Freiheit wage, das Du mir geschenkt hast, ein Leben in Fülle, ein buntes und lustvolles Leben, in das Du mich gestellt hast. Amen. MTR

Die grossen ignatianischen Exerzitien im Alltag werden während sechs Monaten durchgeführt. Die weiteren Anleitungsbüchlein sind einzeln erhältlich, sollten jedoch in der vorgegebenen Reihenfolge benützt werden. Die Meditationen in diesem Buch können allein durchgeführt werden. Da sie, gemäss dem ignatianischen Modell, einen Prozess auslösen, ist es allerdings fruchtbarer, sie mit einer geistlichen Begleitung zu machen. Ein bis zwei Gespräche pro Monat reichen in der Regel. Soweit es die Kapazität erlaubt, steht die Autorin Leserinnen und Lesern gerne für eine Begleitung zur Verfügung, bei Bedarf auch via Skype oder E-Mail.

Postanschrift: M.Th. Rubin,
Postfach 370, 3422 Kirchberg, Schweiz
Mail: mtr@rubinenergie.ch
Home: www.rubinenergie.ch

Über die Autorin

Ihr Schreibtalent machte sich schon während der Kindheit bemerkbar; in der fünften Primarklasse gewann sie einen Aufsatzwettbewerb der Stadt Luzern, trotzdem war ihr, als Mädchen einer Arbeiterfamilie, eine entsprechende Ausbildung nicht möglich und die Tore der Universität bleiben ihr verschlossen. Aber sie hat ihr Talent weiter entwickelt und später, während zehn Jahren, als Berufsjournalistin, Redaktorin und Chefredaktorin ausgelebt. Auf der Höhe ihrer Karriere war sie, trotz grossem Erfolg, innerlich nicht erfüllt. Religion war ihr stets ein Thema gewesen und es zog sie zum Beruf des Pfarrers. Wieder fehlte ihr jedoch der universitäre Passierschein und dadurch fand sie ihren Weg zur Orthodoxie, dem ältesten christlichen Kirchenzweig. Hier zählten nicht Unistudium, sondern die Priesterweihen, welche den ganzen Menschen erfassen. Getrieben von ihrem Schulbildungsmanko hat sich Marie Thérèse Rubin einen vielseitigen und unkonventionellen Ausbildungsweg erwählt. Zahlreiche Diplome durfte sie entgegennehmen, sie ist u.a. ausgebildet in Astrologie, Reiki, Heilpraktik, Seelsorge, Notfallpsychologie und als Leiterin für Ignatianische Exerzitien. Trotz ihrem weiten geistigen Horizont steht sie auch heute noch mit beiden Beinen im Leben. Als Familienmutter erfreut sie sich ihrer beiden Töchter und neu auch der Enkel. Sie arbeitet als Seelsorgerin, begleitet Menschen auf dem spirituellen Weg und lebt ein Leben der tätigen Nächstenliebe.

© Marie Therese Rubin

Danksagung

Unzählige Menschen haben dieses Buch ermöglicht. Ihnen möchte ich für das Vertrauen danken, das sie mir in Kursen und Einzelgesprächen geschenkt haben. Danken möchte ich meiner Familie, die sich stets für meine Aktivitäten interessiert und mich dabei unterstützt. Ein weiterer Dank gilt meiner langjährigen Freundin Esther Maria Jenny, die mich bei diesem Buchprojekt begleitet hat. Ganz besonders danke ich Sonja Beck und Andreas Meile, die mich beim Lektorat und Layout unterstützten.

Bereits erschienen:

Exerzitienhandbuch Liebe,
Erster Monat, Urvertrauen:
Taschenbuch: ISBN 978-3-9523938-8-8,
Kindle E-Book: 978-3-9523938-0-2

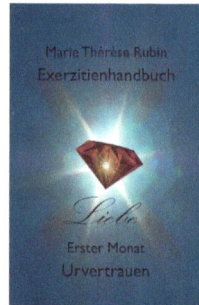

Exerzitienhandbuch Liebe,
Zweiter Monat, Geistiges Gesetz
Taschenbuch: ISBN 978-3-9523938-9-5,
Kindle E-Book: 978-3-9523938-1-9

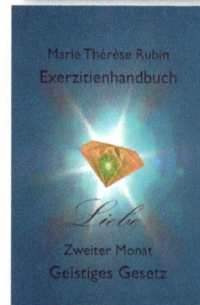

Exerzitienhandbuch Liebe,
Dritter Monat, Die Wahl
Taschenbuch: ISBN 978-3-9523938-6-4,
Kindle E-Book: 978-3-9523938-2-6

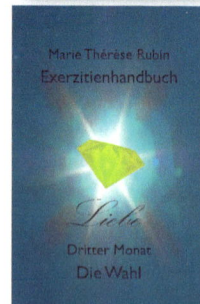

Diese und weitere Bücher der Autorin
sind erhätlich bei: www.Amazon.ch (de)

www.ingramcontent.com/pod-product-compliance
Lightning Source LLC
Chambersburg PA
CBHW042130080426
42735CB00001B/30